Bibliografische Information der Deutschen Nationalbibliothek

Die Deutsche Nationalbibliothek verzeichnet
diese Publikation in der Deutschen Nationalbibliografie;
detaillierte bibliografische Daten sind im Internet
über http://dnb.d-nb.de abrufbar.

Quellennachweis:
Abends, wenn es dunkel wird; Melodie: Walter Twellmann, Text: Heinrich Seidel;
von der Fidula-CD „Martins- und Laternenlieder" © Fidula-Verlag, Boppard/Rhein
Ich hab eine feine Laterne; Text und Melodie: Horst Weber;
von der Fidula-CD „Martins- und Laternenlieder" © Fidula-Verlag, Boppard/Rhein
Licht in der Laterne; Text und Melodie: Eduard Döring;
von der Fidula-CD „Martins- und Laternenlieder" © Fidula-Verlag, Boppard/Rhein
Durch die Straßen auf und nieder; Text: Lieselotte Holzmeister, Melodie: Richard Rudolf Klein;
von der Fidula-CD „Martins- und Laternenlieder" © Fidula-Verlag, Boppard/Rhein
Eine Laterne bastel ich mir; Text und Melodie: Gerlinde Wiencirz © Gerlinde Wiencirz

Wir haben uns bemüht, sämtliche Rechteinhaber ausfindig zu machen.
Sollte es uns in Einzelfällen nicht gelungen sein, Rechteinhaber zu benachrichtigen,
so bitten wir diese, sich beim Verlag zu melden.

© 2012 arsEdition GmbH, München
Alle Rechte vorbehalten
Illustrationen: Martina Leykamm
Herausgeberin: Andrea Gerlich
Notensatz: Kontrapunkt Bautzen
Satz: Janina Michna, München
ISBN 978-3-7607-7934-8

www.arsedition.de

Ich geh mit meiner Laterne

Lieder, Geschichten und Rezepte zur Martinszeit

Mit Bildern von Martina Leykamm
Herausgegeben von Andrea Gerlich

arsEdition

Laterne, Laterne

La - ter - ne, La - ter - ne, Son - ne, Mond und Ster - ne. Bren - ne auf mein Licht, bren - ne auf mein Licht, a - ber du, mei - ne lie - be La - ter - ne, nicht.

2. Laterne, Laterne ...
Sperrt ihn ein, den Wind,
sperrt ihn ein, den Wind,
er soll warten, bis wir zu Hause sind.

3. Laterne, Laterne ...
Bleibe hell, mein Licht,
bleibe hell, mein Licht,
sonst strahlt meine liebe Laterne nicht.

Durch die Straßen auf und nieder

Text: Lieselotte Holzmeister
Melodie: Richard Rudolf Klein

Durch die Stra - ßen auf und nie - der leuch - ten die La - ter - nen wie - der:
ro - te, gel - be, grü - ne, blau - e, lie - ber Mar - tin, komm und schau - e.

2. Wie die Blumen in dem Garten
blühn Laternen aller Arten:
rote, gelbe, grüne, blaue,
lieber Martin, komm und schaue.

3. Und wir gehen lange Strecken
mit Laternen an den Stecken:
rote, gelbe, grüne, blaue,
lieber Martin, komm und schaue.

Ich hab eine feine Laterne

Text und Melodie: Horst Weber

Ich hab ei-ne fei-ne La-ter-ne, die leuch-tet so hell durch die Nacht. Am Him-mel al-le Ster-ne sind auch schon auf-ge-wacht. La-ter-nen-licht, ver-lösch noch nicht, La-tern-chen, leuch-te hell.

2. Ich trag meine feine Laterne
ganz ruhig vor mir her.
Ich hab sie ja so gerne,
sie wird mir nicht zu schwer.
Laternenlicht ...

Wer war der heilige Martin?

Martin wurde vor langer Zeit, im Jahr 316, in Ungarn geboren und lebte als Kind auch in Italien. Bereits mit 15 Jahren wurde er Soldat wie sein Vater. Er wurde zur Militärschule geschickt, und nach nur einigen Jahren gehörte er zu den Rittern der Garde des Kaisers Konstantin in Frankreich. In der Soldatenwelt fühlte Martin sich nicht wirklich wohl. Das Kämpfen war ihm nicht wichtig. Er half hingegen allen, wo er nur konnte. Sogar seinen Lohn verteilte er und behielt nur für sich, was er unbedingt zum Leben brauchte.

An einem Wintermorgen im Jahr 338 kehrte Martin von einer Reise auf seinem Pferd heim. Es war sehr kalt und ein heftiger Schneesturm blies ihm ins Gesicht. Martin war froh, dass er einen warmen Mantel hatte. Endlich hatte er das Stadttor der französischen Stadt Amiens erreicht.

Doch da sah er einen Bettler am Boden kauern, der vor Kälte schon fast erfroren war. Der Bettler war nur mit ein paar Lumpen bekleidet und flehte den Reiter an: „Eine Gabe – bitte!" Alle Menschen waren bisher an ihm vorübergezogen. Keiner hatte Mitleid gezeigt. Im Schneegestöber stoppte Martin sein Pferd. „Habt Erbarmen, guter Herr", rief der Bettler erneut. Martin überlegte. Er hatte selbst kein Geld mehr und auch nichts mehr zu essen. Aber er hatte seinen warmen, weiten Mantel. Da hatte Martin eine Idee.

Ohne zu zögern, nahm er seinen warmen Soldatenmantel und halbierte ihn mit seinem Schwert! Die eine Hälfte legte er dem Bettler um die Schultern, in die andere wickelte er sich selbst wieder ein. Dass er vielleicht wegen des kaputten Mantels Schwierigkeiten bekommen könnte, kümmerte ihn nicht. Der Bettler kuschelte sich dankbar in den Mantel und sagte: „Gott beschütze dich!" Jetzt musste er nicht mehr frieren.

Zurück in der Kaserne, musste Martin drei Tage im Gefängnis verbringen. Dies war die Strafe für den zerstörten Mantel, der kaiserliches Eigentum war. In der folgenden Nacht erschien Martin in seinem Traum Jesus Christus. Und der Sohn Gottes trug den halben Mantel des Bettlers. In seiner Begleitung befanden sich Engel, denen Jesus erzählte, dass er den halben Mantel von Martin bekommen habe! Nach diesem besonderen Traum beschloss Martin, aus dem Heer auszutreten und ganz für seinen Glauben und seine guten Taten zu leben. Mit 18 Jahren ließ er sich taufen und wurde Mönch und gründete ein Kloster in Gallien.

Es folgten noch weitere. Sein Leben lang lebte Martin bescheiden, obwohl er sogar Bischof von Tours war. Er unternahm weite Reisen, um den Menschen von Christus zu erzählen und den Armen zu helfen. Im Jahr 397 starb Martin auf einer dieser Reisen. Zu seinen Ehren wurde über seinem Grab eine Kapelle gebaut.

Heute feiern wir am 11. November den Martinstag und erinnern damit an die Nächstenliebe und Hilfsbereitschaft des heiligen Martin.

St. Martin ritt durch Schnee und Wind

2. Im Schnee saß, im Schnee saß,
im Schnee, da saß ein armer Mann,
hat Kleider nicht, hat Lumpen an.
„Oh helft mir doch aus meiner Not,
sonst ist der bittre Frost mein Tod."

3. Sankt Martin, Sankt Martin,
Sankt Martin zog die Zügel an,
das Ross stand still beim armen Mann.
Sankt Martin mit dem Schwerte teilt
den warmen Mantel unverweilt.

4. Sankt Martin, Sankt Martin,
Sankt Martin gab den halben still,
der Bettler rasch ihm danken will.
Sankt Martin aber ritt in Eil
hinweg mit seinem Mantelteil.

5. Sankt Martin, Sankt Martin,
Sankt Martin legt sich still zur Ruh,
da tritt im Traum der Herr hinzu.
Der spricht: „Hab Dank, du Reitersmann,
für das, was du an mir getan!"

Martin, Martin

zün - det vie - le Lich - ter an, was er un - ten hat ge - tan.
dass man o - ben se - hen kann

2. Martin, Martin, Martin ritt
durch den dunklen Wald.
Wind, der wehte bitterkalt.
Saß am Weg ein Bettler alt,
wäre gar erfroren bald.

3. Martin, Martin, Martin hält
und unverweilt
seinen Mantel mit ihm teilt.
Ohne Dank er weitereilt.
Bettlers Not war jetzt geheilt.

4. Martin, Martin, Martin war
ein frommer Mann.
Stimmt ihm frohe Lieder an,
dass er oben hören kann,
was er unten hat getan.

Sankt Martin ist schon wieder hier

1. Sankt Mar-tin ist schon wie-der hier, lauft, Kin-der, lauft.
Wenn er uns ruft, sind wir schon hier, lauft, Kin-der, lauft.
Und die Leuch-te in der Hand
und die Ker-ze an-ge-brannt
und die Stra-ßen auf und ab.
Lauft, Kin-der, lauft.

2. Sankt Martin war ein guter Herr,
lauft, Kinder, lauft.
Er hat die Kinder alle gern,
lauft, Kinder, lauft.
Und die Laterne in der Hand …

3. Sankt Martin ist für heut getan,
lauft, Kinder, lauft.
Drum müssen wir nach Haus jetzt gehn,
lauft, Kinder, lauft.
Und die Leuchte in der Hand …

Das Sankt-Martins-Spiel

MITSPIELER: Bettler, Martin, Erzähler (älteres Kind oder Erwachsener)

Das brauchst du:

1 Steckenpferd, 1 Helm, 2 große Tücher (wenn möglich in rotem Stoff), 2 Wäscheklammern, 1 altes, weißes T-Shirt, in das du ein paar Löcher hineinschneidest, 1 Kinderholzschwert

VORBEREITUNG:

Der Bettler bekommt das zerlöcherte T-Shirt. Martin hängt sich die Tücher um, die mit Wäscheklammern zusammengehalten werden. Er setzt den Helm auf, nimmt das Schwert in die Hand und reitet auf dem Steckenpferd.

ROLLENSPIEL:

Erzähler: „Der Soldat Martin reitet durch einen Schneesturm."

Martin: „Ist das kalt! Wie gut, dass ich meinen warmen Mantel habe."

Erzähler: „Endlich erreicht Martin das Stadttor. Doch was ist das? Da kauert ein Bettler. Er friert!"

Bettler: „Eine Gabe – bitte!"

Erzähler: „Martin stoppt sein Pferd."

Bettler: „Hilf mir. Hast du etwas zu essen für mich?"

Martin: „Nein, leider nicht."

Bettler: „Hast du etwas Geld für mich?"

Martin: „Nein, leider nicht."

Bettler: „Ich friere so sehr!"

Erzähler: „Martin hat alles verschenkt. Wie kann er dem Bettler helfen? Er überlegt. Da hat er eine Idee: Er zieht seinen Mantel aus und zerteilt ihn mit seinem Schwert in zwei Teile. Die eine Hälfte des warmen Mantels gibt er dem Bettler."

Bettler: „Tausend Dank, mein Herr! Jetzt muss ich nicht mehr frieren."

Erzähler: „Martin träumt von Jesus. Er trägt den halben Mantel. Nun will Martin kein Soldat mehr sein. Er will den Armen helfen und wird Mönch."

Warum gibt es zu Sankt Martin Laternenumzüge?

Als Martin Mönch war, starb 371 der alte Bischof von Tours. Da sollte Martin zum neuen Bischof gewählt werden. Doch dieser wollte das hohe Amt nicht annehmen, er wollte sich lieber weiterhin um die Armen und Kranken kümmern. Vorerst wollte er das Kloster nicht verlassen.
Mit einer List lockten die Bürger von Tours Martin aus dem Kloster. Auf der Straße warteten unzählige Menschen, die ihn zum Bischofssitz begleiten wollten. Martin jedoch wollte kein Bischof sein und rannte kurzerhand weg und versteckte sich in einem Gänsestall. Gerettet!
Die Menschen suchten ihn überall und in der Nacht auch mit Laternen. Plötzlich fingen die frechen Gänse an, laut zu schnattern.
Zwischen all den Gänsen wurde Martin gefunden, wie er im Stroh hockte. Martin war so gerührt, dass die Menschen ihn unbedingt wählen wollten, dass er doch zustimmte und Bischof von Tours wurde.

Zur Erinnerung an diesen Tag feiern wir am 11. November, dem Tag der Bischofswahl und Martins späterer Beerdigung, das Fest des heiligen Martin. Oft werden dann die sogenannten gebackenen Martinsgänse verteilt, und die Kinder ziehen mit selbst gebastelten Laternen durch die Straßen und singen Martinslieder.

Eine Laterne bastel ich mir

Text und Melodie: Gerlinde Wiencirz

1. Eine Laterne bastel ich mir mit Leim und Schere und Buntpapier, schneide und klebe, male ganz fein, die schönste Laterne soll es doch sein.

2. Mitten hinein, damit sie leuchten kann, kommt eine Kerze, ich stecke sie an. Schau, wie sie leuchtet hell durch die Nacht, die schönste Laterne habe ich gemacht.

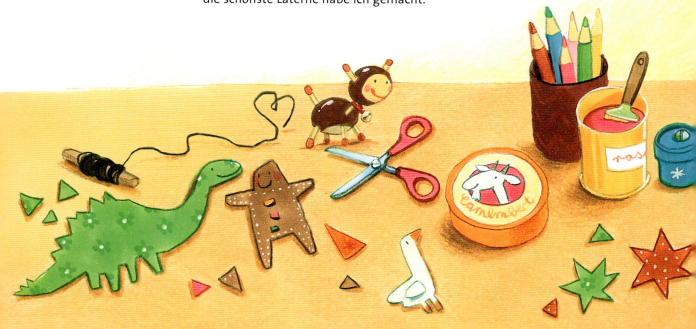

Runde Laterne

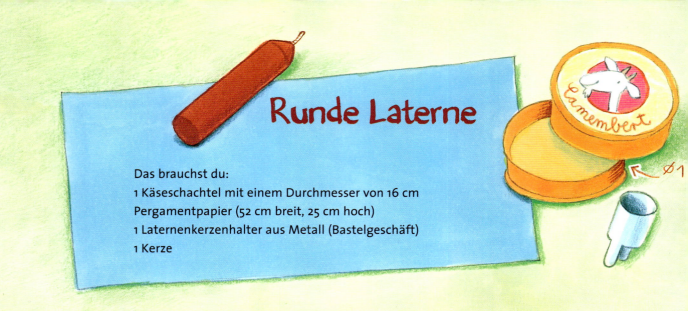

Das brauchst du:
1 Käseschachtel mit einem Durchmesser von 16 cm
Pergamentpapier (52 cm breit, 25 cm hoch)
1 Laternenkerzenhalter aus Metall (Bastelgeschäft)
1 Kerze

So wird's gemacht:
Im Lebensmittelgeschäft besorgst du dir eine runde Käseschachtel. Du brauchst den Boden und den Deckelrand der Käseschachtel. In die Mitte des Bodens stichst du mithilfe von Mama und Papa mit einem Küchenmesser zwei kleine Löcher im Abstand von 1 cm ein und steckst den Metallkerzenhalter ein. Die beiden Laschen knickst du an der Unterseite des Bodens um.
Beklebe Pergamentpapier mit Sonne, Mond und Sternen aus bunten Pergamentpapierresten. Streiche den inneren Rand des Schachtelbodens mit Klebstoff ein und setze das Pergamentpapier wie eine Röhre hinein, die beklebte Seite nach außen. Klebe die Röhre an der Seite zu.
Nun stichst du mit einer Stopfnadel zwei sich gegenüberliegende Löcher in den Deckelrand. So kannst du deinen Laternenstab mit Draht an der Laterne befestigen. Bestreiche den inneren Rand des Deckels mit Klebstoff, setze ihn auf die Röhre und klebe ihn fest.

Martinsmänner

Für den Teig brauchst du:
1/8 l Milch, 120 g Butter, 30 g Hefe, 500 g Mehl, 100 g Zucker, 1 Prise Salz, 2 Eier,
1 Eigelb, 4 EL Milch, Rosinen

Erwärme Milch und Butter in einem Topf, bis die Butter geschmolzen ist. Lass alles einige Minuten abkühlen und bröckle dann die Hefe in die Milch. Gib Mehl, Zucker, Salz und Eier in eine große Schüssel. Gieß die Flüssigkeit dazu und verknete alle Zutaten kräftig. Den fertigen Teig lässt du zugedeckt 30 Minuten an einem warmen Ort stehen. Jetzt kannst du den Teig ausrollen! Achte darauf, dass du ihn nicht zu dünn ausrollst. Dann schneidest du mithilfe von Mama und Papa die Form des Martinsmanns mit dem Küchenmesser aus. Lege den Martinsmann auf ein gefettetes Backblech. Nun verquirlst du noch Eigelb und Milch und bestreichst die Figur damit. Für die Augen und Knöpfe verwendest du die Rosinen. Der Martinsmann muss
ca. 20 Minuten bei 200 Grad backen.

Holunder-Apfel-Martinspunsch

Für 4–6 Gläser brauchst du:
40 g Apfelchips, 1 l Apfelsaft, 100 ml Holunderbeersaft, 60–80 g Zucker,
1 aufgeschlitzte Vanilleschote, 1 TL gemahlenen Zimt

Zuerst zerbröselst du die Apfelchips und kochst sie mit Apfelsaft, Zucker, Vanilleschote und Holunderbeersaft auf. Dann lässt du alles noch 10 Minuten offen kochen. Am Schluss würzt du den Punsch mit Zimt.

Licht in der Laterne

Text und Melodie: Eduard Döring

Licht in der Laterne, ich geh mit dir so gerne!
Rotes, grünes goldnes Haus! Licht-lein, Licht-lein, geh nicht aus!

2. Alle Leut es sehen,
wenn wir Laterne gehen.
Rotes, grünes goldnes …

3. Und wir Kinder singen,
dass alle Straßen klingen.
Rotes, grünes goldnes …

4. Lasst von uns euch sagen:
Du sollst ein Lichtlein tragen.
Rotes, grünes goldnes …

Abends, wenn es dunkel wird

Text: Heinrich Seidel
Melodie: Walter Twellmann

2. Plötzlich aus dem Wolkentor
kommt der gute Mond hervor,
wandelt seine Himmelsbahn
wie ein Haupt-Laternenmann.
Leuchtet bei dem Sterngefunkel
lieblich aus dem blauen Dunkel.
Laterne ...

3. Ei, nun gehen wir nach Haus,
blasen die Laternen aus,
lassen Mond und Sternelein
leuchten in der Nacht allein,
bis die Sonne wird erwachen,
alle Lampen auszumachen.
Laterne ...